사람이 사랑하므로 산다

사람이 사랑하므로 산다

장은영 시집

종이와 나무

시인의 말

오래된 이야기가 산재해 있었다.
시가 가슴에 들어온 지 스무 해가 지나고 여든 번의 계절이 바뀌었다. 긴 시간 요동했던 불협화음의 바람이 돌고 돌아 다시 머문다. 굵은 비를 머금은 눅눅한 여름이다. 장마가 끝나면 뜨거움과 서늘함이 서로를 조율하며 지나온 날들을 증발하겠지. 그때쯤이면 세월을 훑어온 상념도 멈출 것이다. 그제야 비로소 또 다른 한때를 맞이하기 위한 직립이 시작될 것을 나는 안다.

2018년 여름

사랑하는 아버지와 사랑했던 어머니께···

1부 사랑

- 010_ 너를 사랑한 계절
- 012_ 야광옥 夜光玉
- 013_ 사랑
- 014_ 이유 理由
- 016_ 사람이 사랑하므로 산다
- 018_ 장마여행
- 020_ 외사랑
- 022_ 패러독스
- 023_ 이틀째
- 024_ 권리
- 025_ 세 글자
- 026_ 그대가 멀어진 어느 사월 오후
- 027_ 산에서
- 028_ 보이지 않는 꽃
- 030_ 변명
- 031_ 독 毒
- 032_ 백야
- 033_ 세모의 딜레마
- 034_ 자유
- 036_ 미미 微微
- 037_ 썸
- 038_ 굉음
- 040_ 아스팔트
- 042_ 푸념
- 044_ 전화벨
- 046_ 피그말리온
- 048_ 이름
- 049_ 떠날 때에 즈음하여
- 050_ 가시꽃

2부 삶

- 052_ 인연의 생성
- 054_ 미안해
- 056_ 달리기
- 057_ 낙조落照
- 058_ 폭포
- 059_ 무인도
- 060_ 초록예찬
- 061_ 사월의 밤
- 062_ 결핍의 힘
- 063_ 삶
- 064_ 밤의 창가에서
- 066_ 차茶를 예찬하다
- 068_ 지상에서의 마지막 천국
- 070_ 비로소 마주하는 풍경에 대하여
- 072_ 제로섬
- 074_ 빽빽할 밀密
- 076_ 속 곳
- 078_ 펄
- 080_ 새벽의 서출지
- 082_ 11:18
- 084_ 메타세쿼이아 가로수
- 086_ 식기세척기
- 088_ 모래시계
- 090_ 아침의 잔류
- 092_ 화해-치유를 위한 단상
- 094_ 묘한 패배감
- 096_ 말쑥한 골목과 쥐
- 098_ 팔월의 거미줄
- 100_ 침묵의 이유
- 101_ 아무것도 아닌 미련

3부 사람

- 104_ 비둘기 인간
- 106_ 어느 피아니스트
- 108_ 카오스
- 110_ 라푼첼
- 112_ 바람이 건네준 기억
- 118_ 간헐적 욕망을 일으킨 어느 사색가와의 만남에 대한 기억
- 120_ 노출과 관음
- 122_ 물고기자리(1)
- 124_ 물고기자리(2)
- 126_ 타란튤라
- 128_ 너와 나 사이의 마블링
- 130_ 학림다방
- 134_ 옷을 입은 고양이
- 136_ 안부의 소실점
- 138_ 얼굴
- 139_ 친절이 병이 된 K씨에게
- 140_ 벽
- 142_ 페이드 아웃
- 144_ 비밀의 숲

1부_ 사랑

너를 사랑한 계절

움트고 있다
몸속에선 회오리, 나선형의 폐곡선이 둥글게 저미어지고
그것은 매우 간지러운 구간에서 소용돌이치다 곤란한 병목을 빠져나간다
내벽을 건드리는 마찰음이 살 모퉁이를 거스르곤 하여 소름마다 도는 윤.
마른 바닥을 뒤척거리는 위태로운 팽창에게 천장은 바닥이 되고 바닥은 물살을 에는 허름한 반복
척수의 마디를 짚고 너에게만 날이 서는 향기가 솟으면 향은 협곡에 이르러 모의를 시작한다
길이 만나는 호수에서 둥글게 익은 단내가 몽환의 서신을 써 내려가고
꽃 다음에도 꽃이다 줄줄이 꽃을 잉태한다
전신을 에워싼 흐드러진 계절
고유한 너의 체취를 기억하는 동면은 때에 걸맞지 않은.

야광옥 夜光玉

무겁고 검은 구름의 안쪽에서 잠시 빛이 이글거렸지
기억이 소멸을 초청함으로 일상의 뒤편에 잠재웠던 너의 부피
끈덕지게 살아 가슴 한편을 헤집어놓다

구름과 대지의 밀도를 마찰하는 빛의 갈퀴에 온몸의 돌기가 새파랗게 돋아나는 밤
정적을 가로지르는 어둠의 일갈로부터 너의 이름이 점멸하더라도
너는 나의 욕망에서 한 치도 자유 할 의지가 없는 모양이다

그러니 끌림은 너 때문이다
어떤 중력에 고여 밤새 흔들리는 궤적에서 유영하다 가라앉고 흩어지길 착란 하는 너
내겐 도통 벅차오르는 번거로운 잔상

사랑

세상 모든 전원을 끄면 오롯이 단둘이다

육신의 형광 눈에 익어

움직임마다 홀리는 시선

서로를 덮는다

말초신경 모서리까지 너와 나 혼미하여라

차광 후 감각마다 빛이 감돈다

더욱 어두워라 점점이 박힌 눈뜸이여

빛을 잃을수록 네 안의 심연

선명하다

그 속에서 너를 보채리

이유 理由

그대가 나를 향해 걸어오는 길
그 걸음엔 어떤 생각 담겨있을까
그대가 오고 있을 때
내심장은멎을것만같다!

이리도 뜨겁지 않게 끓어오를 수 있을까
그대의 순수는 나를 먹칠한다 그래서
내가 품은 최소한의 양심이 내 할 말을 막아버린다

그대가 보기엔 내가 강렬하겠지만
나는 무척이나 은둔하며 열 오른 숨 고르고 있다
결국 마른 껍질만 잔뜩 벗어 놓았다

사람이 사랑하므로 산다

사람이 사랑을 하고 산다
사랑에 거칠 것은 없다
온전히 그 모습으로 살아야지
사랑한다면 그대로 둬라
인생에 몇 안 되는 꽃이 지금 핀다

영원할 것처럼 한철 흐드러지다
부서진 삶의 질감을 메우려고
기억도 없는 첫날의 무구함으로 돌아가는 몇 번의 본능을 위해
사람 속에 사람을
사랑 안에 사랑을
향해 눈을 뜨면
갇혀 있던 감각의 입자들이 울컥하며 넘쳐흐른다
날아오르다 잦아들기를 반복하고
두려움이 기쁨을 소환하는 계절
그 한철을 지나고 있다

사람아, 사랑아
그렇게 살아가는 삶아
사람이 사랑하므로 산다

장마여행

장마철 한창 때에 일주일간 여행 가자
일상을 박제해온 창을 닫고 낯선 한 개의 문으로
그곳은 투명한 수직이 직조된 공간
사물이 젖어들 때 말은 필요치 않다

산책로의 풀 향기가 번거롭게 젖는 아침
이따금 속도를 잃은 대화의 지점에서
비는 조바심을 두드리며 구겨진 말들을 씻어낸다

잠시 멎은 하늘이 휜 허리를 펴는 시간
산등허리 겹겹이 휘감은 운무 사이로
어쩌다 푸른 맨살 희미하게 비치면
닫힌 창틈으로 건조한 개연성들이 새어든다 그렇다 해도
우리의 여행은 젖어드는 것
맑음을 모른 채 지금은 젖고 잊자

다시 쏟아진다

가슴으로 내리꽂는 빗소리가 언어를 단절하는 밤
우리가 원하는 대로 원했던 만큼
아침이 농익은 과거를 잡아먹을 때까지

외사랑

그에게는 잘못이 없었다
모르는 곳에서 낯선 숨을 쉴 뿐이었다
내가 그랬다
알고도 모른 척 짐짓 모르는 척
무슨 짓을 하는지 내버려 두었다

그의 숨이 표류할 때
한 곳에선 어두운 두근거림을 열어놓고
한 올 한 올 감긴 실을 풀고 있었다
기다림도 없기에 지침도 없어
아닌 곳을 향한 채 전혀 아닌 곳에서 달아오르다

귓불을 잇는 턱과 목선
줄기마다 촉촉이 젖은 손바닥은
약이 오를 대로 올라있고
나는 초대하지 않은 식탁을 차리고 있었다

그를 생각하면
주위를 떠돌던 온기는 투명한 선홍빛
실바람이 스치기만 하여도
내 안의 일렁이던 모든 물이 쏟아질 참이었다

그러나 생각해보라
숱하게 꺼내보아 뭉개어진 새벽은 나로 연유함인데
소리 없이 부풀어 오른
먼지보다 못한 단편의 여백들은 죄다 내 몫일 것을

그를 위해 남겨두었던 몇 알의 밀어蜜語
투명한 채로 곯아 마른 가지에 꽂혀 두려움을 틔우다
계절의 순환에 덩그러니 낙엽을 내고 말겠지

패러독스

우리가 만날 날이 온다

더디다

시계바늘에 끈끈이가 붙은 게 맞다

버티는 건 하나

곧 만날 거란 기다림

그러나 그날도 기억으로 사라질 어느 날이라면

그날이여, 오지 마라

이틀째

또 만날 수 있을까 생각하다가
나를 어떻게 생각할까 생각하다가
그도 나를 생각할까 생각하다가
머리가 아파왔다

이틀째 두통약을 먹지 않고 있다

권리

그가 나를 사랑하지 않을 권리
그가 나를 개의치 않아할 권리
그가 나를 가볍게 볼 권리
그의 사랑이 내가 아닐 권리
내겐 그의 권리를 모른 척 할 권리

세 글자

만남을 기다림

그를 향한 조바심

바라보는 흔들림

침묵하는 고요함

헤어질 때 아쉬움

돌아서며 두려움

나를 향한 노여움

갑자기 서글픔

하루하루 허전함

또다시 기다림

그대가 멀어진 어느 사월 오후

구름떼가 하늘의 풀을 뜯고 있다
라일락은 세간의 손에 닿지 않으려고 훌쩍 자라 하늘에 스민다
연보라 향기가 흩어진다
둥근 꽃잎을 머금은 하늘이 금세 노을 된다

산에서

산을 닮고 싶어 산에 드는데
산 내음은 잊고 그대만 생각한다

햇살을 품었다 하기엔 순진무구한 산중 정오
깊은 산자락 초입에 머문 어느 절에는
늘어진 백구가 겁도 없이 잠을 자고
시공을 초월한 느긋한 발걸음에
상념은 그대를 뒹군다

나는 산사람은 될 수 없어라
몇 발자국 옮기지 않았는데 그대가 궁금하다
너무 벅차 도피했건만
결국 오래지 않아 산에서 내린다

보이지 않는 꽃

누가 봐주지 않아도 골짜기에 꽃이 핀다
그대가 알아주지 않아도
내가 그대를 향하고 있는 것처럼

사랑을 품으나 혼자여서
화사한 외로움

변명

어색한 봄날
빗줄기에 하염없이 이지러진 꽃잎보다
내 마음이 더 흐트러져
이유야 모를 리 없으련마는
갈피를 놓친 망상의 영혼이 흐르는 건
사랑을 잃을까 깊은 생각하기도 귀찮기 때문

독(毒)

그대를 사랑하다 보니
향이 독이 되고
독이 향이 된다

백야

그대를 세뇌당한 것 같다
하루가 제 속도를 잃고 하나의 이름에 박혀 공전하는 몇 날
제자리를 맴도는 홈에 점성이 깊다
밤새도록 질펀하게 번진 수액
내어져가는 길목이 아득히 희다
어느 방을 열어도 그대가 고여 있다
통째 여물도록 숨의 그림자마저 가둔 채
잠이 문을 걸어 잠갔다

세모의 딜레마

모난 모습이 부끄러워 둥글고 싶었다
뾰족 솟은 모서리를 갈아 너의 각도에 걸맞기 위해

하지만
너를 찌르는 게 싫어 나를 버릴수록
나는 내가 아니게 되다니

세모, 딜레마에 빠지다

자유

누군가 만나는 동안 잊고 있었다
만남이 끝나자 되돌아온 그대
그새 어딜 가있었나
까맣게 몰랐다가 알아차렸다
한시적 상념의 공간에서 그대의 부재
잠시간 자유로웠다
집착과 몰입의 재가동 그러나
그대에게 묶여있는 밀폐된 지금
더 황홀하게 자유롭다

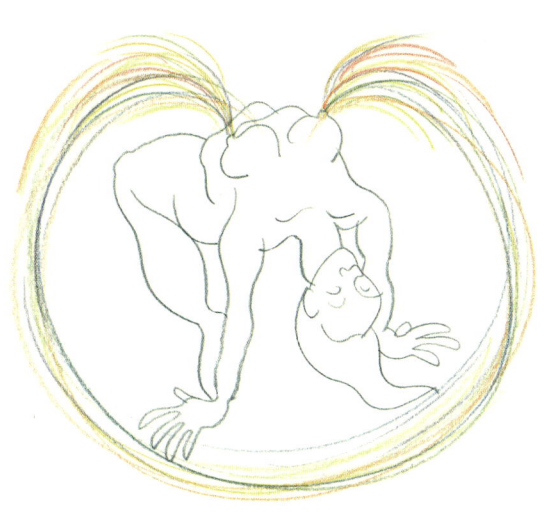

미미 微微

보이지 않는 곳에서 꼼지락거릴 너
달팽이마냥 네 할 일도 더디도록 쌓여 있다
그러다가 드러낸 수면 위 초상
짐짓 수다스런 넌 한참 먼저 시집가는 친구 같다

어찌 그렇게 바뀌는가
갈피를 모르고 흔들리는 나를 놓고
마냥 앞으로 내달린다
네 쉬운 모습에 울다 웃지만
정작 네 속은 어떨까

날 홀리고 가는 너의 귀로엔
미련인가 미소인가
하릴없이 궁금하다

썸

너는 물일까
모래 한 줌일까
손아귀에 잡히질 않는다
감질나서 물어버리고 싶다
안달 나는 만큼 아주 세게

굉음

너를 내게 담고 쑤걱거려다오
너도 흥분하고 나도 흥분하게
미쳤다
얼이 빠지도록 내달려
밀려든다
수 겹의 껍질 떼어낸 초라한 생명의 실체
결국 거짓 풍요를 추구하는
결핍의 절규라도
허나
절정으로 가서는 굉음으로 부서지며 증발하도록
그리곤 너와 나
완전히 잊고 살자

아스팔트

너를 사랑하는 일은
아스팔트 틈에 피어난 들풀 같아
눈길 채 주지 못하고들 지나간다
뽑히지도 못하는 운명이라서

푸념

당신은 좋겠다
나 안 좋아해서
종일 끈끈하게 매달려
통째 당신 범벅으로 질척이는 하루를 알고는 있을까

당신은 좋겠다
나 보고 싶지 않아서
행여 떠올라도 깊은 생각할 새 없이
분주한 일상 뒤바꾸면 될 테니
당신을 끼고 사는 난 무겁기만 한데

당신은 좋겠다
나 그립지 않아서
가끔은 어색한 응석 드러내도 도대체 틈새가 없다
그래도 어쩌다 당신 가슴에서 뜨겁진 않을까
착각하게 해주었으면

당신은 좋겠다
나 없이도 잘 살아서
기나긴 간극이 마땅한 사이
이러다 볼 수 없다면 도대체 어쩔까
근데 당신, 어찌 그리 잘 살고 있나
그래도 되는 건지

정말이지 당신은 좋겠다
끝도 없이 파고드는 사랑
덮치지는 못하고 바라만 보는
나 같은 사람 있어서

전화벨

전화벨이 울리지 않았다면 너는
뭍으로 밀려와 헐떡이는 물고기의 몸부림을 보았을 것이다
유선형 등골에 지느러미가 붙기라도 하듯 무심해 보이는 마디들이 위태롭다
여린 유희를 굽는 동안 살이 달게 익었다

숨길 가르며 밀려온 두터운 너의 호흡
내 안에서 너를 바르고 분쇄한 뒤에야 다시 뱉을 수 있었다
여과된 네가 날 닮은 헤엄치길 바라지만 해체된 채 떠다니는
알 길 없는 수심
전화벨이 멈추지 않는다

잘근잘근 부서진 입자에서 팽팽한 박동이 도드라지며 파동하고
압착된 수위를 내장한 표면 위로
1도의 상승기류를 분배 받은 움직임마다 두근거리던 비늘이 모조리 부서진다
파편은 마르지 않았다

저수지가 있다

전화벨이 멈추지 않았다
멈추지 않음으로 우리가 멈추었다
우리가 멈춤으로
전화벨이 멈추었다

저수지가 깊게 내려앉았다

피그말리온

잘못된 숙성이어서 쉬어버렸다. 사랑.
너의 언어는 참담하진 않지만 서로를 마름하는 지점에선 정확한 표식을 심지
거기엔 이렇게 적혀있더군 사랑에서 곰팡내 나는 건 네 사정일 뿐이라고

계량된 관계의 윤곽을 혀의 밑천으로 삼았어
혓바닥의 그늘에서 식물들이 자라면 비좁은 녹지, 기다림에 그을리곤 했지
쓸쓸함이 자라는 골격에는 뜻 모를 모퉁이를 기대한 몇 번의 매듭들이 버팀의 근거가 되고 결핍에서 기반 하는 너와 나 사이
마지막 단어를 아껴왔던 이유, 어느 쪽이든 불리할까 두려워서였는지도

시간의 축은 어긋나고 있다
초조한 보폭을 냉소했다면 한 번도 사랑하지 않았던 거다

우연의 확률을 좇으며 어둠이 가빴던 숨
붙잡을 게 없다는 걸 알기까지 부질없이 넘실댔던 촉수가
부끄러워진 첫날
좁은 방향을 더듬어온 암담하고 눅눅한 희열은 이제 달뜨기
도 버거워졌어

너에게는 아무 것도 아닌 표지를 움켜쥔 채 경련했던 나의
일부를 떼어놓고 돌아오는 길
걸음의 온도가 희미해진다
몇 번의 굴절된 지점에서 통증을 여미기는 하겠지만 한 번
은 말해야 했다
너로 인해 얼룩진 무늬는 최선이었다고 내게 말해야 했다

이름

하루만큼 더 얹은 생의 돌탑 새에
이끼처럼 끼어있는 이름
그립다는 말은 말자
달팽이처럼 수그러든 시간을 뒤척이다
상처처럼 각인된 너의 이름

무너질지 모를 경련 속에 있질 않나
어여쁘지도 않던 이름
침묵으로 바싹 마른 입술 위에 가져만 대어도
혀끝에 동면하던 말초의 기억
시간을 자지러놓는다

아무 말 마라
한 마디만 울려도
와그르르 무너질 것 같은 눈물 닮은 구름이
돌탑 머리에 너무 가깝다

떠날 때에 즈음하여

떠날 때가 된 이의 가슴에는 점성이 없다
땡볕의 쓰라린 더위처럼 한때
너의 말속에 스며있던 끈끈한 농도
종유석마냥 치렁치렁 맺히다 굳어버린 간절함의 기복을 고착한 채
밀물이 되어 꽤나 흔들며 다가왔던 너
언제부턴가 내 안에 박혀있던 너의 일부가 휘발하고 있다
연기처럼 떠날 준비를 하는 이의 심산에는
그리움이 키워온 기다림일랑
썩은 물풀처럼 맥없이 늘어져 있을.

가시꽃

장미는 자신의 아름다움을 지키려고 온몸에 가시를 둘렀다
툭- 허리가 잘리는 순간 너의 손가락도 부서지리라는 저주를 품고
완전함을 위해 불온의 이를 드러내는 너는 너무도 불완전한.

장미를 보면 때로 아름다움이 무얼 위한 것인지 묘연해진다
유려한 향의 품격을 떠받들고 서있는 신경질적인 가시줄기
그들은 보기보다 섬뜩하다
너를 만지자마자 손끝에 오른 가시 독, 붉게 퍼진다
나를 위한 것이었다면 차라리 피질 말았어야 했을 너의
심장은 서슬 퍼런 연기

2부 _ 삶

인연의 생성

문을 삐걱거리며 그림자가 들어왔다 시계가 고장 났다고 했다
난 수리공이 아닌데요
철판 위로 떨어지는 물방울처럼 뚝뚝하게 말했다
당신이 고칠 수 있는걸요
그림자가 실오라기 같은 미소를 지었다
눈동자는 중절모에 가려 보이지 않는 대신 우뚝 솟은 콧날 아래로 수염이 실룩거렸다
시계는 살바도르 달리의 것처럼 피로해보였다
어디를 고쳐야 하나요
흐느적거리는 심장을 귀에 대어보았다
아직 멈추지 않았다 치카타크 치카타크…
초바늘이 엉거주춤하는 모습에 웃음이 찔끔 흘러나왔다
그림자가 손수건을 내밀었다
괜찮나요
괜찮아요
나는 시계를 안아주었다
시계를 안은 나를 그림자가 안아주었다

미안해

어느 날 *미안해* 골목에서 무더기의 *미안해*들과 마주해버렸다
엉겨 붙은 채 엎어져있던 *미안해* 들이 올려다보며 머쓱한 웃음 지어보였다
우스꽝스레 일그러진 꼴 내려다보다 손 내밀었다
각기 달리 생긴 *미안해*마다 악수를 청하고
*미안해*들은 못이기는 척 일어나주었다

달리기

얕은 허공으로 시시한 비상

이내 지상으로 털털 내박히는 발바닥

중력에 맞춰 달그락거리던 지남철 같은 잡념이

우그르르 떨어진다

낙조 落照

구름바다로 떨어지는 새

누가 날개를 꺾었나

그토록 휘황하던 시절을 향해

누가 화살을 던졌나

폭포

시간의 권태를 식히고 기억을 부서뜨린 소리
상념은 물의 파편 언저리로 튀어들다

맑다

물살의 폭음에 사심을 잊고 단조로워지다
가슴을 두르던 장막이 문득 시시해져서는
옅은 웃음으로 게워내다 무심코 쿨럭이는 거친 폭포에
마음조차 잃다

없다

무인도

걸을 수 있는 길 따로 있지 않다
길은 걸어서 나는 것
수많은 발걸음 오가며 난 자리가
사람의 길이다

마음 내줄 이 따로 있지 아니하다
걸맞지 않아보여도
그 둘만 무인도에 남아봐라
어찌 친구 안 할까 어찌 사랑 않을까

초록예찬

내가 초록을 좋아하는 건
교묘하기 때문이다
촌스러운 듯 성스러운 듯
평범한 듯 신비한 듯
초록은 한 가지가 아니다
녹음의 평안은 자연이란 이름으로 안도하지만
반대편 극단의 자리엔
잔상이 주는 붉은 공포를 머금고
순결과 잔인함을 두루 갖춘 너
그래서인가
둘러 볼 새 없이 그대로 네게 취한다

사월의 밤

이윽고 밤이 숨을 쉰다
흙도, 풀도, 꽃잎도
헐거운 옷가지를 벗어놓는다
그들 숨마다 다른 질감이 배어나는 곡선의 한때
조금은 초조하면서도
막연한 기대를 간질이는
사월의 밤은
연인의 모습 앞에 모든 것을 벗어버린
여인의 하얀 젖가슴 같다

결핍의 힘

결핍의자아가결핍의현실에서결핍의대상을찾아채워지지않는결핍의사랑을하니몽땅결핍이다

결 핍 이 넘 쳐
결 핍 을 먹 여 살 린 다

삶

마음을 얻기 위해 지난함을 견디고
혼돈을 축복으로 여기며 간다
숙성을 필요로 하는 뜻 모를 의미마다 그것들의 이마 위에
버팀의 미학을 지문처럼 새기고
엇박자에 뒤섞인 춤을 춘다
끝날 때조차 어디가 끝인지 알지도 못하면서
소멸하는 모든 이름을 향해 두근거림을 공명한다
사윌 때까지 태워도 타지 않고 젖어도 젖지 않는 숨을 포효
한다

밤의 창가에서

창밖에서 어둠 가르는 소리가 난다
하루의 무게를 씻어주는 바람의 손끝에선 빛의 나머지를 솎아
내는 소리
누군가 지나쳤는지 나뭇가지 흔들리면
세상은 한층 낮은 빛깔의 잉크를 붓는다
얇은 떨림으로 하루를 토로하는 잎들의 속삭임
나무는 어둠의 등걸에 잎과 가지를 쓰다듬으며 저녁 결을 고른다

밤공기 누비는 한낮의 문란했던 온도들이 질서 있게 정비될 즈음
먼 곳을 향해 가늘게 사라지는 고가 위의 엔진소리
밤은 정적 안에서
빛과 소리가 엮여 단단했던 매듭을 풀어냄으로 숙성한다
나는 밤의 체취에 압도되어
어둠이 지닌 간헐적 느슨함과 두려움을 점묘한다

차茶를 예찬하다

바짝 말린 열매는 본질일까
물기 머금은 것들은 제 특유의 빛깔을 자랑하지만
하늘에 몸을 맡긴 후엔
빛을 품은 열기를 내재한 속
아픈 이의 얼굴처럼 생기를 잃고 다문 입술을 벌려라
그 속엔 농축된 너만의 과거

삶에 미련 없다는 이들이 더 많은 푸념들로
세상 공기에 입김을 묻힐 때
그것은 강렬한 저항
살.고.싶.다.
는 아픈 거짓말
너는 그처럼 살아나고

이제 물이 끓는다

네가 품은 향기 기대해도 좋을까

마른 열매가 통통하게 부어오른 만큼 우러난 맑음
황홀했던 축적이 흐드러진다
너의 푸르던 시절과
녹록치 않던 계절과
누구도 부럽지 않던 패기와
농익은 겸허가
압축된 혈기를 풀고 나와
과거를 반추하는 여유가 되고
다른 이를 위로하는 향기가 되고

지상에서의 마지막 천국

요양원이 슬픈 건 격리되기 때문이다
연회색 계단이 머리 위까지 기울어 위협적이다
허둥대는 이의 발자국을 맨 먼저 낯선 공기가 환영한다

관처럼 뚫린 병실 사이로 흰 국화가 누워 있다
탈색된 향기는 근육을 잃은 마디마다 간신히 숨을 엮었다
어떤 이는 메주 같은 것을 배에 달고 어떤 이는 우물 같은 것을 가슴에 팠다
진흙 같은 혈이 솟은 허연 밑바닥은 저것이 심장의 벽인가 뼈인가 아리송했다

산송장의 가죽엔 생을 접으려는 분노의 악취가 노랗게 짓무르고
진피까지 열린 구덩이에는 절망에서 배양된 검붉은 슬픔이 파충류의 희귀한 표정마냥 만발하다
간절한 한 다발의 천국이 똬리를 틀고 아지랑이처럼 피어나는 중에도
생의 기억을 지우려는 안개는 눈동자에 끼어 희뿌옇다

이 고요한 천국의 풍경에 익숙해지는 건 그리 오래 걸리지 않는다
슬픔은 불문율이다 누군가는 조금 늦게 출발할 뿐이므로
고통은 불행이 아니다 누군가는 산 채로 긴긴 시간 후미질 테니까
간헐적으로 제거된 소리들이 기억을 쌓고 있다

미온의 묵음만 남았다

비로소 마주하는 풍경에 대하여

큰 산 끼고 있는 집 앞 오갈 적에도 몰랐다
저기 높은 봉우리
피부 빛깔 닮은 바위 아래 젊은 음모마냥 싱싱하던 신록의 숲을 반추하던 숙성의 변화를

높은 곳의 혈기만 몰라본 것도 아니다
오가는 이의 탄성을 자아내던 가로수
화려한 한때를 지나 위안도 축복도 사라진 묵묵한 걸음들을 동면으로 버티는 사이
기억의 단면에 한 줄 테두리를 긋고 털어내야 했던 홀연한 용기를

바닥에 쌓일 새라 부지런한 일꾼이 쓸어낸 말쑥한 거리에서
낙엽도 단풍도 착시처럼 흐드러진 미묘한 나의 일상
왜 그랬을까
뒤늦게 알아차린 게으름의 항상성이란

탄성을 잃은 일과가 낙엽처럼 뒹굴어도

한숨 쉴 새 없이 거듭하는 박약한 습성을 어디서부터 거슬러야 할까
이맘때가 되면 비로소 마주하는 풍경의 상념은
어느 날이 되어야 완연할 수 있을까

제로섬

너는 그림자처럼 서 있지
털끝만큼의 미동도 하지 않은 너와 나 사이
점선 같은 숨이 간격을 메우고
네가 응시하는 배경엔
한 올의 움직임만으로도 부서질 듯 흰 정물

빛을 분사한 어둠의 잔상은 곡선
유난히 희다가 사라지는 음영의 굴곡으로
육체의 모퉁이까지 닿은 적막을 따라
소리를 차단한 두려움이 좁아질수록
네가 곧 무너질 것을 나는 안다

이윽고 네가 진다
네가 다가올수록 나는 작아지지만
작은 내 안에 널 가두는 제로섬게임
혀끝에서 몽글몽글한 잠이 깨고
눈동자 같은 유두

단단하고 야무지게 눈을 뜨면
야생
벌판
아득한 초원
아무것도 아닌 채로
바람 한 자락 남김없이 고요를 감은 땅에서 천천히 걷기로 하자
내달릴 까닭 없는 우리여

미소를 가르는 바람
마주하는 세포마다 알알이 샘이 차오르고
꽃밭의 둔덕 아래로 물결이 솟구치면
흰 꿈을 품고 아득해지는 새벽
너와 나는 이토록 부질없는 절차를 거듭하는가
별이 아찔한 빛을 쏘며 스러진다

빽빽할 밀密

혈기를 진공 포장한 밀폐의 방
불은 켜지 않아 늘 그랬듯이
켜켜이 가라앉은 먼지의 수를 세듯
지루한 어둠이 숨을 고를 때까지
야생은 문밖에서 서성이고 있을 것

표면의 질감이 허물어진다
날 것의 선연함을 누그러뜨릴수록 너는 점점 팽창하고
비릿한 구애를 번식한 언어가 기화한다
뱅그르르
만화경 유리조각처럼 화려해지는 숨의 명도
압력을 해체한 육면체의 안쪽에선
너의 일부와 나의 일부가 서로를 포식하는 소리

떨어진다
어둠 보다 낮은 아래로
어둠의 밑면을 핥는 중력의 둔탁함으로

각을 세운 촉수는 마비되어가고
완전체이기를 포기한 결핍이 포만감에 부서진다
태초의 단세포적 시대
무구함으로의 회귀
너와 나를 규정한 붉은 맺음말이
처음을 향해 부서진다

속 곳

너는 내 우물에 고여 있다
자생할 수 없는 생태라서 나는 너에게 끌린다
한 올 한 올 촘촘히 엮인 살갗의 잔 돌기가
너끈한 너에게 이끌려 버둥거리다 눅눅히 스민다
이 거추장스런 벽을 허물어다오

응달의 꽃이 우물 속에 피어 있다
내 우물의 꽃은
양지 위로 널브러진 너보다 뜨겁게 만발함으로
그 안에 숨어있는 너는 경건해야 한다
쉼 없이 끌어올려진 되새김의 출처를 알 길 없어도
달굼의 번잡한 모든 과정은 오롯이 네 몫이다

생채기로 가득 찬 여정과 남루함의 청색시대
퍼렇게 질린 기억들이 반기를 들다 들볶인 시간을 달구었다
돌기에 어린 단단한 호기심보다 나는 용감하다
너로 인해 나는 더 이상 차가운 빛이 아니다

수직낙하로 곧장 떨어지는 속도에 너의 열기가 파열된 채 숨을 고른다
탁음의 교류를 차단한 밀도 속에서
너를 두고 나는 붉다
한껏 검붉다

펄

너와 나의 벽은 너와 나다
너는 나란 이름의 벽에 오차 없이 포개어지지 않는다
네게 꽂힌 나는 뒤집힌 벌레마냥 한껏 바동거린다
너와 내가 특유의 부피를 안고 구르는 내리막길
어느 끝이 안착지인지 알 수 없는 공간으로 줄달음치면
머리 위로 빨간 경고등이 조명처럼 휘휘 돌고 때마침 잃어
버린 중력
서로에게서 사라지곤 했다
오래된 갈망의 체기 같은 호흡이 펄의 내막으로 밀려들면
수면하던 수천 개의 눈들이 깨어 울음을 뱉는다
눈물 위를 한참 부유하다
너는 벽을 뚫지 못하고 녹아가는 중

새벽의 서출지

환상인지도 몰랐다 안개 자욱한 시야-
이슬 베어 문 바람이 돌아누운 들풀의 머리맡으로 젖은 향기를 놓고 갔다
단잠 뒤척이던 들녘에 고요가 인다

안개는 들풀 깨우는 새가 되어 퍼덕였던 반경만큼 제 그림자에 갇긴
한밤의 침묵을 부리로 탁탁 흩어놓았다
못은 얼어가는 계절에 수그러들어
하룻밤 등허리를 물고 잠든 연잎으로 즐비하다

짙푸른 바람 훑고 간 흔적에 아려왔는지
전신줄이 짐 지운 자세로 휘청거리고 서있던 탓에 연못은 긴 밤 내내 시린 잠을 설쳤다
상처를 어루만지는 희미한 기와 위로 반달눈썹의 달빛에선 호젓한 미소가 일고
산기슭의 푸른 입술도 여린 빛 베어 물고 말갛게 익어간다

못 속에 빛이 스밀 때까지 안개는 눈뜨는 촉을 옹글게 품었다
몽환의 이야기가 허옇게 자라
물그림자 밑으로 남겨진 소식을 지긋이 검누르고
어둠을 헤집던 바람에 밀려 푸드덕 물살을 일으키다 잦아든다

11:18

눈을 떴을 때 11:18이었다
십일월 십팔일인지 열한시 십팔 분인지 잠깐 착각했다
지금은 어둡고
반쯤 잠든 동면의 한때라서 두 개의 층위를 섞어도 좋을 것이므로

잠을 설친 탓인지도 모른다
망막에서 뇌의 통로로 이어지는 구불구불한 구석 어딘가에 누른 먼지가 쌓인 듯 묵직했다
열여덟이란 숫자가 열아홉으로 바뀌고서야 그게 시간인 줄 알았다
뚜‐우‐
바스라진 파동이 토성의 고리처럼 머리 주변을 밭은 속도로 맴돌고 있다
삶의 공간을 넘어 아스라한 영역을 부유했을 우주의 미아견이 그랬을까
공존의 자리로 돌아가려는 몸부림은 외지기 싫어 버둥대었다

이따금 길을 잘못 들어도 귀소본능은 중력을 잃지 않는다

십일월 십팔일이든 열한 시 십팔 분이든 그건 중요치 않다 여기려다 몸서리쳤다
기시감이 불러오는 어스레한 영상보다 설익은 채 밀려드는 순도 높은 순간이 선연했기 때문
그리하여 보호색을 두른 파충류처럼
안달복달로 얼룩진 삶의 자리에서 덜 깬 눈망울을 굴리며 비척거리는 것이다

메타세쿼이아 가로수

달과 별의 약동을 거슬러 흔적의 길을 걷는다
안으로 들어갈수록 나는 한 점 작은 벌레가 된다
가로수 겹겹의 속으로 들어가면 이윽고 나는 사라지고 거대한 숲이 박동하는 맥의 일부가 된다
태에 담긴 씨앗의 기운으로 돌아가 처음이라 일컫는
위태로운 성정을 버티고 살아온 자태에 경의의 시선 모은다
들풀보다 짙은 살아남은 자의 향기는
선명한 오늘을 지울 만큼 훤칠히 자라 있다

진화를 꿈꾸는 생명들에게 먹이와 안식처가 되어줌으로 내면의 위엄을 지켜온 메타세쿼이아
어느새 비석 된 몸을 스스로 추모하고 살아간다
허리 밑동엔 한 해의 이야기를 동그랗게 아로새기고
파란을 딛을 때마다 돋아났던 삶의 수포를 어루만지며
근근이 이어온 심장의 둥지에서 달이 피다 잠들던 숲

수억 년 신비를 품고도 겸허한 공존을 내림받아 살아온 메타세쿼이아 가로수에는
저마다 맞닿은 생애의 가려움을 긁어주는 시간이 있다

식기세척기

하루를 그러모은 소리가 울렁대며 요란하다
켜켜이 곧추 앉은 약속의 무망한 말들로 빼곡히 돋은 상처를 핥는
흡사 환형동물을 닮은 교태에 그릇의 등허리가 소름으로 번져
있다
크고 작은 식기들의 웅크린 틈과 틈을 비집고 휘모는 사이
등딱지처럼 눌어 붙은 기억과 식탁 위 떠돌던 언어들을 깨끗이
잊다

물살을 타고 히그덕 히그덕 헛발질하는 소리
서너 명의 울음 섞인 모양으로, 무심코 들리는 전화혼선 혹은
잠결에 귓가를 거스르던 TV의 조악한 웃음처럼
늘 그렇다 마는 하루를 애벌로 적시는 위로의 손길
박자를 북돋는다

어쩌다 인이 배긴 훈장 같은 얼룩의 사각지대엔
식탁 위 반목을 잊으려는 분무가 한창이다
노인의 가래 섞인 불만

허기에 찬 젊은이의 폭식
생명을 품은 자궁의 일렁이는 파도
울컥대는 조바심과 기대감의 이명이 공전한다

흰 숨 뿜으며 소리를 거두는 동안
어느새 반지르르한 몸이 바삭 마르고 있었다

모래시계

뒤집어엎었다

새롭게 시작되는 시간은 물론 어떤 이야기도 담지 않았다
한 편의 공간에서 좁은 틈을 따라
산도産道를 통과했던 최초의 절대망각의 기억을 거슬러 혹은
실험용 쥐의 미로 찾기처럼 그리 어렵지 않은 난해함의 통로로부터
새 영역에 모여드는 시간은
까마득히 넘어갈 뻔했던 오만의 입자들을 일일이 재갈 물리고 있다

망설임 없이 숨어들기를 자초하는 낱낱이 분쇄된 수치의 알갱이들
어느 벽에서 부서지나 했는데 겨우 한 쾌에 전복되는 유쾌한 유약함
이었다
또 한 번 전복하여 게워낼 허물의 입자들은 점차 내성이 쌓여 허여
멀겋게 벗겨진 착시의 동공을 풀고
멀리도 아닌, 겨우 맞부딪혀 내려앉을 낮은 하늘을 향해 천연덕스
럽게 드러눕는다

틈새로 떨어지는 한 오라기의 오만들이 쉼도 모르고 내려앉는 게 영 부끄럽다

아침의 잔류

근면하길 종용하는 습성은 어디서 잉태한 본능일까
부식되지 않은 어제를
무구하기 그지없는 오늘 위에 포개는 일은 명백한 반칙
언제나처럼 하루는
끊어내지 못한 어제의 기억을 굴절하여 새 아침과 혼합된 비
릿함을 관용 없이 뿜는 일로 시작한다

아침엔 붉은 혈기가 없다 그저
반질하고 매끈하게 두른 냉기를 배급할 뿐이면서도
박약한 박애가 더할 나위 없는 숭고인 양 제멋에 익숙하도록
설계된 맹랑한 속도감에 생명들이 번잡하다
땅위를 움직이는 모든 관성 앞에서 오늘이 아니면 내일로의
연명을 정당화하려는 공정에는 솜털 같은 이기심이 돋아 있다
그것은 결코 부드럽거나 위로되는 결이 아니다

모든 아침의 여백을 그러모을 수는 없을까
빛의 밀도를 따라 숙성하다 정수리를 통과하는 고도에서 한껏

부풀었던 조바심은 새나가고 단편으로 종료된 아침
더 이상 없다 늘 그랬듯 내일의 시작에 더하려는 탁한 상념의
잔류

화해-치유를 위한 단상

화해란
선을 이어가는 익명의 무수한 점들 사이에 유난히 짙게 번진 점으로 돌아가는 일이다

시간을 수평으로 나열하고 중력처럼 마땅히 흘러가던 방향으로부터 역행하여 거리꼈던 탁하고 검은 문을 열고 들어가 그 속에 고인 언어의 백태와 함부로 찌꺼기라 일컬어진 감정의 여백들에게
이토록 짙은 먹물이 될 때까지 한곳에 액을 쏟아야 했던 상흔을 어루만져야 한다

한동안은 악취의 잔상이 사라지지 않겠지만 그 손은 유난히 도드라진 짙고 깊은 점 하나에 머물러 기도하듯 매만져야 한다 숱.하.게. 매만짐으로 주름 같은 점 서서히 지워질 것이다

각인되었던 점이 옅어지면 이전과 이후를 이어온 무수한 점들 사이의 하나로 되돌아가 더는 누군가의 시선에도 걸리지

않는 수평의 고요에 이르기까지 조촐한 애도를 해야 하는 것이다

묘한 패배감

티셔츠를 사 입은 날 감기에 걸렸다
번잡했던 하루를 접고 제자리로 돌아오니 그제야 몸이 땅으로 박힐 듯 무겁다
풀썩. 진땀으로 흥건해진 찌뿌드드한 아침을 만나다
벗지 않은 옷에서 새 옷 특유의 먼지 냄새와 땀이 섞여 비릿하고 꾸덕하다
훌쩍 던져놓고 서랍을 뒤지는데 입을 옷이 없다
돌아보니 바닥으로 나동그라진 티셔츠가 능청스런 얼굴로 올려다본다
꿉꿉한 질감을 집어 도로 뒤집어쓰는 순간, 묘하게 진 기분

말쑥한 골목과 쥐

말쑥한 어느 골목에서
카페 거리를 질주하는 팔뚝만한 시궁쥐를 봤을 때
쥐를 경악하기보다 거리의 한계를 경악했다
새침하게 정돈된 곳이라고 속 들추면 쥐가 없을 턱도 없으련만
어쩐지 그조차도 허용해선 안 될 것 같았던
도도함을 기름지게 두른 것에 대한 편견

쥐 따위야 어디든 있기 마련이지
라고
터를 향해 관용을 베풀려니
쥐도 살다보니 머물게 되었을 뿐인데
넘나들기 어려운 곳 따로 있느냐고 투정부릴 뻔했다

쥐는 자신의 서식지가
얄망궂은 동네라는 걸 알고 있을까
진짜 풍요와
가짜 풍요가 섞인 곳

우성인자로 빼곡한 중에도 뒤가 새는 찜찜한 동경이 화려
하게 번잡한 곳
그런 곳에 터 잡고 사는 걸 알고는 있는지
그나저나 살만은 한지 쥐에게
묻고 싶었다

팔월의 거미줄

팔월이 산을 넘는다
한나절 달구어진 구름이 윤택한 제 깃털을 고르고 있다
전선은 자유로이 유영하는 푸른빛의 언어를
한 번 두 번 세 번
씩이나 훼방하였다

계절의 변곡점에서 더위는 전선의 고도만큼 높아져 있고
대기권 밖으로 튕기고 싶을 만큼 더위에 지친 전선은
파랗게 질려 비상하는 모든 것들을 어지럽힌다
이야기를 담은 풍광에 눈이 버겁다

그림자들이 쉴 자리를 찾는다
살아있는 모든 것이 오늘의 나머지를 주워 담을 무렵
집은 나무의 음영에 묻히고
나무는 각각의 이름을 지우고 산의 능선을 굴착한다
저녁이 누러 앉은 도심은 머지않아 둔탁한 어둠으로 침잠하여
눈뜨지 않은 채 한낮의 뜨거움을 토사할 것이다

여름이 지나면 시간이 파생한 몇 개의 기억들은 부식되듯이
저무는 녹음은 언제나 허전하다
소멸하는 여름의 뒤태를 따라 그림자 도심을 떠나고 싶은 저녁에
둥근 거미가 무르익은 팔월을 엮고 있다

침묵의 이유

언제부턴가 인간이 온유하다는 사실을 믿지 않는다 성선설과 같이 인간의 본성은 선함에 있고 양심을 저버리지 않으리란 신념은 흐릿해진다 지키지 못하고 뱉어낸 분노가 불온한 아집이라 할지라도 무장된 상처를 보호할 여력이 없다 섬세함으론 버티지 못할 부박한 이성 앞에 반응할 의지가 없다

세상이 아프다고 말하는 자에게 이치에 부응 못하는 유난스러움 또는 나약함의 주홍글씨를 새겨버림으로써
아픈 자는 노상 아프다
사는 게 그저 그렇다고 여기는 교류 없는 슬픔의 잉여를 냉소하기는 싫다
섬세한 족속들이 지닌 숙명 - 세상이 뿜는 거칠고 비릿한 정서를 코끝에서 지우지 못하고 사는 통증 - 을 누가 감히 덜 되었다 폄하할 것인가

아무것도 아닌 미련

정이 많은 사람들은 아쉬움을 맨 마지막에 내려놓는다
모두 떠나고 보이지 않을 때까지 한참을 그 자리에 맴돌다 짓무른다
정작 제 삶의 괴열, 치유할 길 없는 삶이 동굴처럼 깊은 이에게 주어진 말은
그리 살 거 없다는 가벼운 진담

사소한 균열에 연체된 곤혹스러움이 제 무게로 인함이라 낙인 되었다면
머물지 않는 바람의 속성을 닮아야 한다
미련이 바닥을 뒹굴다 흩어지도록 진지했던 본성을
어리석음으로 간주하는 타인에겐 아무것도 아니기 때문이다

form
3부_ 사람

비둘기 인간

거리를 걷고 있었습니다
멀찍이 비둘기 머리를 한 인간이 다가왔습니다
비둘기 인간에게 인사를 했지요
안녕하세요
오늘은 무얼 주웠나요
비둘기 인간이 말했습니다
당신은 나에게 화낼 자격이 없어
나는 물었습니다
오늘은 무얼 주워 먹었나요
돌멩이까지 삼키지는 않았는지
비둘기 인간은
둥글고 작은 머리를 손으로 빗어 내리며
표정 없이 말했습니다
당신은 나에게 화낼 자격이 없어
그러자 나는 머리를 틀어
주머니에 있던
비둘기 머리를 바꿔 쓰고 말했습니다

당신에게 그랬다면 실례했습니다
비둘기 인간은
깊이 머리를 조아리며 말했습니다
실은 아무것도 먹지 않았습니다

어느 피아니스트

도도함은 밥맛없을 정도다
새처럼 흰 자가 보이지 않는 검은 눈동자는
동심이기도 하고 우수이기도 하다
여자는 그랬다

욕망을 숨긴 목을 내빼고 음률을 관음한다
숙련된 절제로 치켜진 턱은
입술의 떨림도 허용치 않고
어쩌다 내뱉는 몸짓은 찰지다

손등 위에서 건반이 불뚝거린다
고독이라 일컫는 삶의 언저리마다 피어올랐을 고통의 선율
눈동자 같은 검은 건반에서 살결의 흰 건반으로
굴곡을 두드리는 악성이 참방거린다
추태는 드러나지 않을 것이다

도도한 손끝은 안단테에 어울리는 숨을 쉰다

향수를 추켜세운 오선을 따라 슬픔을 뽐내는 피아니스트
흰 기억을 지운 검은 동공부터
생선가시처럼 발린 가는 입술이
그럴 수밖에 없는 이유를 연상케 한다

여자는 오갈 곳 없었던 것이다

카오스

한 사람이 걸어왔다 자기 세계에 오라 했다
내미는 손에 손끝이 닿는 순간 내 일부가 사라졌다
혼돈!
어딘가 사라진 심상의 일부는 둘러보아도 없었다
그의 세계는 단편의 나로부터 연소되어 타들어가고 있었다
손사래를 치며 떨어져 나왔다 그가 외쳤다
'가지 마세요'
흔적을 붙잡고서 부르르 떨며 내가 대답했다
어떻게
머물 수 있겠어요 봐요! 내가 없어졌잖아요
'그래도 가지 마요'

맥을 잃은 목소리가 우주 속으로 흩어졌다
부품처럼 떨어진 일부를 잃은 채 한 세계를 떠났고
그의 외침은 별이 되고
별은 수많은 별들 사이로 묻혀가고 있었다

나의 일부와 타버린 흔적이 시공간을 잊은 어딘가로 부유하고 있다
카오스-
이뤄지지 않은 인연의 눈물은 우주를 유랑하는 별들의 사연이었다

라푼첼

당신에게 저주의 축언을 전하지

당신 같은 여자에겐 평생 있을까 말까라 했다
그대를 건사할 남자가 하나라도 있으면 다행이야
그러고는 저주 빛 광채가 웃도는 축복을 너울거렸다

그런 식으로 누군가 얄망궂은 언어를 뱉어내고 갔을 때
주저앉아 너털너털 눈물껍데기를 그러모아 허공으로 뿌린 뒤
의구 섞인 해학으로 돌아서려다
처연히 굳은 화석 닮은 가슴 위로 멍울 흘린 머리칼에 그만
라푼첼은
애꿎은 제 젖가슴만 만지작거렸다
차라리 다행이지 그 이하는 없는 거니까
라푼첼은 중얼거렸다

세월이 낸 여백의 구석까지 흐느적거리며 내려앉던 모호한
논리를

고작 몇 안 되는 언어의 조합으로 위안 삼는다는 게 말이 되는지 모르지만
맥 빠지는 놀이라도 좋았다 라푼첼은 버틸 이유를 찾았다
내 머리칼을 건드릴 엄두도 못 내는 개미만한 것들
그런 거였어

교만이라도 좋을 평안으로의 자위로 라푼첼은
기다림도 허전함도 없는 외곬 된 여행을 떠날 수 있었다
가시 돋은 갈퀴도 비단결 안식처도 없는 영원한 신독愼獨으로의 여행을

바람이 건네준 기억

1
큰길로 이어지는 골목 어귀를 나설 때
기다렸다는 듯 육중한 바람이 두터운 손바닥으로 뺨을 친다
어쩐지 모를 카타르시스
불현듯 나로 인해 엉엉 울던 사내가 떠오른다

2
스무 해도 더 된 달력을 소거하자 사내가 나타났다
청춘이란 이름의 흑백 필터에서 그가 선명해졌다
떠올려보면 어떤 정체성의 만남이었을까
청춘만으로 아무렇게나 그린 채색이 어렵지도 밉지도 않던

3
말이 끝나면 애매한 웃음이 적절했던 몇 번째 만남에서
그날은 대학로를 거닐었다
번화한 길을 따라 골목에 접어드는데 와락 -
두꺼운 손아귀가 어깨를 휘감았다

4
목이 눌려 말을 할 수 없었다
버둥댈 틈 없이 조여 오던 사내는 영락없는 포식자가 되어
가르랑거리고
이제껏 보아왔던 순진한 양
두터운 무게를 짓이기며 나약하게 신음하고 있었다
안아보고 싶었어

5
쫓고 쫓기는 사이가 되었다
종로에서 집으로 가는 길
점심이나 하자던 그가 5분 늦었을 때 *먼저 갑니다* 라고
맹랑한 메시지를 심어놓고 약속 장소를 빠져나왔다

6
'지금 열차가 들어오고 있습니다. 승객 여러분께서는…'
들어오는 열차를 바라보는데

의미심장한 미소로 유유히 걸어오는 그를 보았다
그리고
점심을 먹었다

7
집요함이 끌리기도 하고 버겁기도 했던 나는
이리저리 자존심을 굽히지 않았다
평행선 같은 거리를 두고 조바심을 유지하면서
어쩐지 특별한 사람으로의 자리매김이 눈뜨려 할 때

8
그만 만나요 –
전화 속 사내는 오열했다
이십 년이 더 된 시간이 흘렀고
소식은 길을 잃었다

9
청춘의 가십거리 같은 기억일지 모른다
지금쯤 건장한 가장으로 살고 있을 테니
어울린 인연은 아니었다고 위로하지만
이루어지지 않은 것에 대한 기억이 소소한 궁금함을 자아낸다

10
바람이 거세게 뺨을 쳤을 때 번뜩 그가 떠올랐던 건
가차 없이 떨쳐버린 뒤늦은 값이 아니었을까
오랜 뒤에야 떠오르는 건
겨울잠 자듯 재워둔 미완의 몽환이
공허한 바람의 짓궂음에 깨어났는지도

11
굵은 손 내치던 바람은 가고 없다
뺨이 시원하다
찬 기운이 어떤 아련함을 쓸고 왔을까

나에게 이런 날도 오네, 끌끌 웃어보는데
돌아가고 싶으냐고 묻는다면
기억이란 그것으로 충분한
액자에 걸린 그림일 뿐이다

간헐적 욕망을 일으킨
어느 사색가와의 만남에 대한 기억

네가 뱉어놓은 언어들이 실타래처럼 심장에 엉긴다
나는 동의하지 않았는데 내 속은 너로 채워졌다
생각을 저민 낱장들이 얼마 남지 않은 활자 위에서의 조우
그럴수록 너는 쾌재를 부르겠지만
입맛 다실 곳 없어진 나는 어디서 곱씹을 수 있지
조바심이 인다

이토록 심장 모서리가 애달픈 건 감질 나는 일
아무렇게나 데워진 심장은 금기였을 터
그럼에도 금기는 방황을 꿈꾼다
낮밤이 밤낮으로 환생하기까지 숱한 날을 터널처럼 검게 그을리고 나서야
초승달처럼 야윈 나를 마중해온 너에게 건넬 수 있는 말은 그리 많지가 않다

사람들이 오가는 길가에서

처음 본 너의 손을 잡고 서서
되도록 길게 인사를 한다
정결한 너의 언어와는 다른 온도의 난해한 말들을 쏟아내는데
너는 계속 웃는다
나는
너를 놓을 수가 없으므로
놓지 말아야 할 이유를 찾느라 꾸무럭거리고
너는 나의 복잡한 층위를 헤아리느라
진지한 표정 뒤로 쿡쿡 웃음을 삼키며 서 있다

노출과 관음

아파트 비탈길을 내려가는데
삼층 사는 여자가 옷을 벗는다
방의 푸른 등은 어두웠지만 잠시 착각을 한 모양이다
피사체의 '잠깐'이 망막에 박혀버렸다
목도한 누군가가 있는 줄도 모르고 여자는
알몸을 속옷으로 채운 뒤 헐렁한 자루 같은 원피스에 제 부피를 집어넣는다

어렴풋한 것을
다만 인지되지 않음으로 판정하는 예의보다 불안정한 게 있다면
못 볼 걸 보았을 때 미안해해야 하는 양심일지도.
눈을 끔뻑거리거나 멋쩍은 걸음을 재촉하는 것으론
이미 보아버린 상이 두고두고 걸렸기에 나는
양심의 일부를 여자의 뒤태에 거슬러주어야 했다
재빨리 시선을 피함으로서

내 잘못인가

모른다
타인의 시간이 노출되면 그 속으로 관음 하는 타인
양심은 어디에서 청구할 수 있지?
타인과 타인 사이를 가르는 벽은
벽을 따라 통로이길 재촉하는데 노출과 관음의 무질서한 사이에서
벽은 어떤 길보다 훤히 뚫린 욕망이 된다

불허의 뿌리에선 허구한 날 욕망의 꽃들을 잉태한다지
비탈길을 오르는 길에 삼층 방이 꺼져 있다

물고기자리(1)

너에게 혀가 있다는 사실을 비밀로 묻는 건 다행스런 일이다
온몸을 물로 치장한 생애를 비관하거나 자랑삼는 건
형벌처럼 혀의 퇴화를 불러왔겠지 이따금 운명이란 게 지극
히 맞아떨어지듯

비늘 한 땀의 자리만 비어도 유선형에서 부서지는 빛
이처럼 너는 완전한 진화를 꿈꾸었던 만큼
유연한 동작 따윈 아무렇지 않은 거라 말하고 싶었는지도

지극히 표정 없음으로 잽싸게 돌아서는 명료성에서
너의 안구에 서린 무모함은 미움이 없다
생명의 배경에 마이너스와 플러스가 서로를 요철하듯
단조로움을 박제한 동공에 반사된 수려한
물밑 낙원에서 날마다 꿈꿔오지 않았을까
이제 들려주렴
네가 선택한 만큼 진화된 돌기에 새겨진 전설을
아가미를 움쩍거릴 때마다 비친 선혈 같은 속살에 눈이 부셔

너의 유영에는 이유가 있다고 믿게 되는
모호한 전설의 씨앗을 속삭이렴

투명하고 도톰한 입구
그 안으로 빨려드는
세상의 파편을 전하는 서신이 언젠가는 선연히 부유하겠지
아득히 깊은 수심으로 숱한 어둠과 빛이 교차할 때까지
별을 뉘이고 달을 지새우기를 순환하는 동안
네 혀는 조금씩 자라고 있을 터이므로

물고기자리(2)

N극과 S극이 제 몸뚱이 붙이고도 가장 먼 곳을 향하듯
내 몸은 너의 몇 번째 지느러미 어딘가에 묶여 서로 다른 곳을 향했지
한 곳에서 다른 꿈을 꾼다는 건 조금 슬픈 일이라서
어.두.운.배.열.에.아.무.렇.게.나.정.비.된.아.린.이.름.의.태.생
이라는 꼬리표를 달고 물고기자리란 이유로 그런 거라 말하는 익숙한 관성 –
덕목은 죄를 잉태한다
상처를 낭비하는 습관, 비늘 하나 떨어진 것쯤으로 치부하는 불안정한 암호가 유전자에 새겨져 있다면 그 정도는 향기로운 형벌이라 치자
산란하고 조악한 입김들로 거대하고 누추해진 우주의 항로를 부유할 때
민낯은 늘 그렇듯 아득한 꿈을 꾸며 머나먼 곳을 향수하고
네 몸은 향수하는 거리만큼 멀어진 곳
휑한 대지 위에서 팔딱인다, 아리따운 운명이여!

물을 밟고 일어서는 미끄러운 날개에 굴레를 엮고
두 몸뚱이 퉁겨 돌아와 함몰된 멍만큼 시퍼런 속도를 가누는 마디마다
견딤의 미학을 운명으로 치장하는 중에도
새어나오는 핏물보다 빠른 속도로 범람하는 파도를 감당할 수 있을까
이쪽 끝에서 저쪽 끝까지 오가는 휘황한 축제는 지난하도록 주기적이다
두 갈래로 나뉜 길, 어느 곳으로도 가지 못하고 수면 위에서 글썽거릴
네 개의 눈망울을 위해 *그.저.잊.으.라.* 는 조악한 위로를 뱉어내는 게 전부라지만

쿨럭이는 파도를 머금고 요원한 대양을 항해하는 길,
구 할의 갈증과 단 푼의 희열을 위한 축제에 끼어
물고기의 맑고 시린 눈물방울 희석한 잔 들어 올릴 수밖에

타란튤라

쉼 없이 너를 생각한다 너를 구성하는 모든 요소에 대하여
너를 생각할 때 나는 하찮아진다
숨기 좋은 곳에 너를 가두고 창문 없는 벽을 커튼으로 두른다
동떨어짐에 대한 동경이 관성처럼 자리를 찾고 불온해 보이는 온당함에 익숙해지는 과정
언제나 그랬듯 거칠고 두터운 손은 날 가렵게 하지
다가간 값만큼 감당하겠지만 어떤 날을 위해 남겨둔 어둠에 대해 보편적으로 끌려가는 이유 앞에선 의문하지 않기
폐쇄된 공포가 거짓처럼 휘발할 때가 있듯 표독스러운 외피에는 사실화되지 않은 나약한 사실이 있다
여러 개의 동공으로 내가 입력될 때 너의 몸에선 어떤 반응이 파생하고 있을까
때마침 살갗이 가렵다
환원을 교란하는 검은 차광막
간략한 눈동자에 두려움이 깃든 내가 비친다
끌림의 운명을 완벽하게 처리할 논점을 기대하진 않았지만
강경한 사실 뒤에 은폐된 정직한 위태로움이 더 어둡고 안락

한 장치로 기어들고 있다
나도 네게로 기어간다
기어코 가려워지는 습성을 설득할 방법은 어디에도 없다
나는 아무것도 아니다

너와 나 사이의 마블링

단단히 여미어둔 자존심은 어느 것도 개의치 않았다
그렇게 살 수 있는 부류라서 서로의 빛을 감지하였는지도 모른다
하루에서 하루로 건너기 버겁던 어떤 날에
네가 있었다

오래전 누군가의 사람이었고
낯선 사물에 불과하였을 네가 나로 하여금
모르고 살았던 이전의 일부를 쟁취하고픈 욕구를 자극한다

그때의 너와 마주한다면
지금보다 촘촘한 언어의 간격을 세어보았으리라
가시 돋친 활기의 질감을 몽유하며
깊고 달게 잠긴 눈동자의 빛을 따라
공간을 파고드는 탁 트인 것들의 당당한 냄새를 좇는 아득함으로의 향수,
간질이는 경우의 수를 재촉하여 개연성의 층위로 착지된 너 또한
이따금 나를 찾아 헤집어보련마는

둘 사이를 미끄러지는 마블링을 눈감아주기엔 아무래도 늦었는지 모른다
서로를 버려야 할 몇 가지 이유를 입술 사이에 물고 경련하는 날이면
퍼렇게 질린 너의 심장은 뒷걸음질 치겠지만
이대로도 좋다고 다독이는 요일의 얼룩을 지우기엔 화려한 통증이 완연하므로
알큰함을 품은 연然에 대하여
갈기 돋은 언어들은 그저 침잠으로 돌아설 뿐

학림다방

그날은 오늘 같은 겨울입니다
간신히 할당된 인색한 두 시간을 주워들고
나와 당신의 중간 지점
수많은 이유들이 오르내리던 나무계단을 따라 삐거덕
밀착된 언어들을 누설이라도 할 듯
한껏 예민해진 나무계단은 신음으로 돌아눕고
지긋한 발걸음을 따라 가슴은 두방망이질
묵직하고 오래된 문 앞에서 숨을 고릅니다

'나는 이방인입니다 처음이자 마지막으로'

그는 없습니다
창가가 낫겠지요
둥지를 튼 새처럼 얌전히 앉아
창틀 아래 걸음들을 살펴봅니다
그는 보이지 않습니다
보이지 않는 그를 좇다가

거울을 더듬어 나를 봅니다

'조금만 예뻤더라면'
약속의 바늘은 초점을 잃고 흔들리는데
그는 오지 않습니다
나의 조바심을 까먹는 그에게 떼쓸 수도 없는데
혹시 그는
마른 나무처럼 단단한 거드름을 피우는 걸까요
거울은 손아귀에서 들락날락하고
습기 찬 액정화면 위로 지문은 빠르게 휘발하고
벽에 붙은 사진들은 오래토록 나를 내려다보는데
나는 점차 혼미해집니다

'혹시 오지 않는 걸까'

어쩌면 보고 싶지 않기도 합니다
지루하고 시시하게 끝나는 것도

꽤나 흔쾌한 일이라며 궤변을 풀어놓는데
무거운 문이 열립니다
두리번거리던 이가 주춤하더니 이쪽으로 걸어옵니다
어쩐지 나인 줄 알고 천천히 걸어옵니다

옷을 입은 고양이

집 없는 고양이 이손저손 타며 배를 불린다
오늘 저녁은 내 손에 들린 멸치와 우유 한 접시
실오라기 같은 소리에 나와 보니 동그란 율동
다리를 휘감고 꿉꿉한 야생을 묻히며 친숙함을 확인한다

주먹만 한 중력만큼 주림을 털어내는 식사
언제 모였는지 르느와르 그림 같은 아이들이 달려와
고양이를 쓰다듬고 도망치듯 사라진다
네들 사랑은 얄팍해서 개의치 않아 - 고양이가 사는 법을 안다

여름내 터 삼던 길목에도 가을빛이 묵직해지자
밥 챙겨주던 몇몇이 겨울날의 녀석을 걱정했다
아양에 녹은 시선으로 물끄러미 보노라면
배는 불렸으니까 - 고양이가 능청을 떤다
아무에게나 부대껴보다가도 아님 말라며 돌아서는 얄팍한
하루의 연명

내일을 겁먹지 않는 야생의 속성에 어쩐지 숙연함이 들어
고양이만큼이나 동그래져서 바라본다
얇은 혓바닥이 찰진 저녁의 살결을 할짝인다
염려하는 시선을 두고 멀어지더니 저녁을 폴짝 뛰어넘는다
사라지고 없는 빈터에서 문득
나야말로 헝겊 걸친 고양이는 아닐까
본능과 적응의 혼혈보다 못 한

땅에 닿을 만큼 배가 두둑해지면
짐짓 여유로워져 제 살 부비는 일과가 시시해보였다 허나
나인들 썸박하지도 못한 하루인 것을
새침하게 늘어진 기지개 떠올리며 옷 입은 고양이
빈 그릇 주워 달강이며 기어들어간다

안부의 소실점

만나지도 않으면서 문자 주고받는 사이
살갗에 닿은 알코올처럼 반짝하다 사라지는 옴찔한 반가움
관계는 언제나 허기가 인다

뭐하고 지내요
로 시작하는
책상모퉁이로 밀린 사물처럼 미미한 존재감을 받들고 서있는 웃음
각자의 시간에 침전한 지루함을 숨기 위해
일 년에 한 번 내지 두 번 어쩌다 조금 몇 번
용인했던 간격 안에서 한 개의 점을 찍고
그만큼의 점을 지우는 소심한 접경에서 주저하는 묵음

짐작하듯이
속도와 간헐적 절차를 잊지 말 것
한자리를 맴도는 소식의 두 지점을 이으면
소실점은 너 아닌 어딘가 비어 있던 나

타인의 음성으로 나를 조우했을 뿐
늘 그랬던 것처럼 그 만큼의 허기에서 견딜 수 있는 것도

얼굴

오늘따라 비뚤어 보인다
아마도 태중에 품던 이의 습관일 거라고
공연히 어미의 생애를 채근하다가
그보다는 살아있는 자의 불규칙성으로 고약해진 버릇을 더듬는다
전생 어느 날의 연유인지도 모른다
두려움을 배양하는 구원의 차원을 거슬러
고르지 못했던
너르지 않
았던
탁한 뇌와 검은 혀의 표정을 더듬으며
오늘 하루도 일 밀리미터만큼 한쪽으로 이탈한 기울기에 대해
두려워도 달라지지 않을 거면서
어제와 내일의 연결고리로 그치다 말기를 거듭해온 무수한 오늘을
터널처럼 검게 지날 거면서
무구하고 말간 표정으로 거울에 비춰본들 비대칭을 어쩔 거란 말이냐
오늘따라 유난히 아린 상흔을 어쩌라는 거냐

친절이 병이 되는 K씨에게

그들에겐 친절이 의심스러웠던 모양이지요
관계의 영역마다 검은 감정의 부유물이 떠다니더군요 심장의 문턱이 까맣게 닳았어요 보고 있나요 K씨, 그거 만지지 마요
이로서 인간에게 금기할 조항이 또 하나 늘어난 셈
복잡하고 불규칙한 패턴에서 우연한 무늬를 발견했더라도 반가움을 들키진 마세요, 감격의 기준이 다르듯 당신과 일치하기란 드문 일이니까
버거웠다면 멈춰 서서 보기만 해요 보기보다 벅찼다면 떠나야 돼요
수많은 내 편의 안락함에도 재갈 물린 단 한 개 거슬림이 가슴을 찌르는 법
부식되는 지점은 그 하나에서 파생되는 것
멈출 때를 알아야 해요
행성처럼 아득한 개연성 사이에서 희열하지도 무너지지도 않으려면
슬프도록 친절한 K씨, 빛의 파편에도 마주치지 말고 지나쳐요
그냥 걸어가요

벽

사람의 얼굴에서 동물을 본다
어떤 이는 낙타의 교만을 하고 어떤 이는 살무사의 표독을 품고
어떤 이는 하이에나의
자신이 항상성을 지닌 줄 착오하는 이중성을

사람의 얼굴에 동물의 혈血이 접철되어 있다
표면으로 스민 치부를 박음질해 단단히 고정된 오만한 질감이
박혀 있다
내게도 예외 없이 드리워졌을

그럼에도 나에게는 어찌할 수 없는 *팔이 안으로 굽음*
생을 버티기 위한 암묵적 공식일지 모를 보호막
이라 명명된 팻말의 벽에 가로막혀 있다 막힌 게 아니라 가둔 채로
씩씩하게 씩씩대며 산다 어느 동물의 얼을 뒤집어쓰고
스스로 못마땅한 것은 별 수 없는 일이라 치부하고
타인의 동물성을 못마땅해 하며 혀끝에 군말을 물고 산다

페이드 아웃

혀의 동선을 기억하던 농밀한 계절이 새고 있다
울컥. 가슴을 밀고 올라오는 것이 있다
눈물은
역류하여 미끄러운 눈동자를 받들다가 수치적 본능으로 수그러들지만
느닷없이 솟구치는 벅참에 대하여는 쉬이 설명할 수 없다

관계를 형성하던 몇 개의 무늬가 옅어지는 날들
오가는 말끝마다 뾰족한 눈을 심는다
아픔엔 점성이 있고 생각보다 치명적이어서 그곳으로 달라붙어 부식하기 시작하는 사연의 고유성
감각의 생태가 무너지다

삶을 무겁게 하는 것들 중 후회할까를 염려하여 턱을 넘지 못했던 제자리걸음에 대해
이해받지 못한 감각을 건조함의 부류로 이항하다
내가 할 수 있는 건 그뿐, '이런 날이 오는구나' 라고

무너지는 경향으로 낮은 소리를 공명하는 일 따위

연유를 복기하는 수순에 달고 따뜻한 것들이 흐무러지면
멀어지는 길은 열린 것이다
열린 문으로
모든 수와 기호와 상징이 앞 다투어 부서지는 시간
파리한 잔상을 곱씹기엔 나의 상념이 버거우므로
다만 초연하기를 세뇌하여
모든 것이 아무 것도 아니었을, 허虛를 떠다니도록 방관하는 수.

비밀의 숲

내게는 작은 정원이 있지
손끝의 온기를 기다리는 텃밭의 푸른 덩굴과 줄기
그중에는 꽃도 있고 알알이 맺어가는 열매도 있어
소소한 재미가 담 안에서 소곤거리지
지나가는 길목에서도 훤히 보이는 정경
나무들의 속닥이는 소리가 자라고 있어

정원의 새들마저 날아가고 고요해지면
새는 새이니까
그리 쓸쓸할 것이 없었다
꽃이 피다 시들면
꽃은 꽃이니까
그리 서운할 것도 없었다

내 집 작은 정원에 계절마다 빛이 바뀌면
조심스레 매만져야 할 즐거운 번거로움
하지만 유심히는 못 봤을 걸

정원을 메운

나무

꽃

이따금 새들의 날갯짓

사이로 난

좁은 길

그 길을 따라가면 우거진 숲이 나오는데

그곳은 아까 보았던 새도 아니고 나무도 아니고 꽃도 아닌

그림자 아니

실체

아무도 본 적 없는 나의 숲에선 빛의 뿌리가 자라

공기를 감싸고 하늘로 오르내리는데

우거진 빛의 숨결에 누워있으면

여태 보았던 정원 따윈 잊고 싶어지는 거야

그러나 너그러운 숲은 자신의 체액을 정원으로 흘려

옹기종기 난 것들에게 내어줌으로서

작은 나무 작은 꽃 작은 새들의 소소한 일상에 평화로움을
기억하게 해주지
그러고는 이내 아랑곳하지 않는 거지

사람이 사랑하므로 산다

초판 1쇄 인쇄 | 2018년 7월 25일
초판 1쇄 발행 | 2018년 7월 31일

지은이 | 장은영

발행인 | 한정희
발행처 | 종이와나무
출판신고 | 2015년 12월 21일 제406-2007-000158호
주소 | 경기도 파주시 회동길 445-1 경인빌딩 B동 4층
전화 | 031-955-9300   팩스 | 031-955-9310
홈페이지 | http://www.kyunginp.co.kr

이 책은 저작권법에 의해 보호받는 저작물이므로
내용의 일부를 인용하거나 발췌하는 것을 금합니다.

ISBN | 979-11-88293-03-2 03810
값 | 12,000원

ⓒ 장은영, 2018

종이와나무는 경인문화사의 자매 브랜드입니다.